Explorar los recursos
del planeta

Usar
la tierra

Sharon Katz Cooper

Heinemann Library
Chicago, Illinois

Translation into Spanish produced by DoubleO Publishing Services
Designed by Michelle Lisseter
Printed and bound in China, by South China Printing Company

11 10 09 08 07
10 9 8 7 6 5 4 3 2 1

Library of Congress Cataloging-in-Publication Data

Katz Cooper, Sharon.
  [Using soil. Spanish]
  Usar la tierra.
       p. cm. -- (Explorar los recursos del planeta)
   ISBN 1-4329-0243-1 (hb - library binding) -- ISBN 1-4329-0251-2 (pb)
   1. Soils--Juvenile literature. I. Title.
   S591.3.K3818 2007
   631.4--dc22

                                                    2007009824

Acknowledgments
The publishers would like to thank the following for permission to reproduce photographs:
Alamy pp. **4** (Reino Hanninen), **5** (GardenWorld Images), **11** (Cephas Picture Library), **19**
(Wildscape); Corbis pp. **12** (Richard Hamilton Smith), **13** (Royalty Free), **14** (Martin Harvey),
15 (Hamid Sardar), **20** (Reuters), **21** (Gallo Images/Anthony Bannister); FLPA
pp. **8** (Bob Gibbons), **10** (Nigel Cattlin), **16** (Holt/Primrose Peacock); Geoscience Features
Photo Library pp. **9**, **17**; Harcourt Education Ltd p. **22** (Tudor Photography); Photolibrary pp.
6 (Johner Bildbyra), **7** (Tim Shepherd); Still Pictures p. **18** (Jeff & Alexa Henry).

Cover photograph reproduced with permission of Getty Images/Stone (Andy Sacks).

Every effort has been made to contact copyright holders of any material reproduced in
this book. Any omissions will be rectified in subsequent printings if notice is given to the
publishers.

Contenido

Algunas palabras aparecen en negrita, **como éstas**. Las encontrarás en el glosario que aparece en la página 23.

¿Qué es la tierra?

La tierra es la primera capa
de la superficie del planeta.

Se encuentra en el suelo.
Las plantas crecen en la tierra.

La tierra es un **recurso natural**.

Los recursos naturales vienen
del planeta Tierra.

¿De qué está hecha la tierra?

La tierra está hecha de pequeños pedazos de roca.

Estos están mezclados con diminutas partes de plantas y animales muertos.

La tierra contiene agua y aire atrapados en su interior.

Muchos animales viven en la tierra.

¿Es igual toda la tierra?

Hay muchos tipos de tierra diferentes.

Tienen colores y **texturas** diferentes.

La tierra contiene **minerales**. Estos
minerales son los que le dan color
a la tierra.

Los minerales son pedazo de rocas.

Esta tierra se llama **limo**.

El limo es una tierra muy fina.
Es muy buena para cultivar plantas.

Ésta es tierra margosa.

La **marga** está compuesta de arena, limo y arcilla. También es muy buena para cultivar plantas.

¿Cómo usamos la tierra?

Usamos la tierra para cultivar plantas para alimentarnos.

Los granjeros cultivan grandes cosechas de trigo, maíz y verduras.

Usamos la tierra para cultivar
verduras y flores en nuestros jardines.

La arcilla es un tipo de tierra.

Podemos usarla para hacer recipientes, cuencos y platos.

Hay personas que usan la arcilla
para construir casas.

¿Cómo usan la tierra las plantas?

Las plantas necesitan la tierra por sus **nutrientes**. Los nutrientes son como vitaminas que ayudan a las plantas a crecer.

raíces

La mayoría de las plantas tienen raíces
que se adentran en la tierra.

Las raíces toman agua y nutrientes
de la tierra.

17

¿Quién estudia la tierra?

Los científicos de la tierra estudian diferentes tipos de tierras.

Ayudan a los granjeros a aprender cómo mejorar sus cultivos.

Estudian los animales diminutos que viven
en la tierra para aprender más sobre ellos.

¿Nos quedaremos sin tierra?

Demasiada agua o vientos fuertes pueden arrastrar la tierra.

Esto se llama **erosión**.

Las personas intentan detener la erosión
plantando árboles y arbustos.

Sus raíces ayudan a fijar la tierra en su sitio.

Experimento con la tierra

En esta actividad, observarás tres tipos de tierra
diferentes. Verás cuánta agua
absorbe cada uno.

> **!** CUIDADO
> Con ayuda
> de un adulto

1. Cuidadosamente, mide agua en tres vasos.
   Luego mide algo de arena, arcilla y tierra
   para macetas en otros tres vasos.

2. Coloca un filtro de café en un embudo de plástico,
   luego coloca el embudo en una taza para medir.
   Con cuidado, vacía el vaso de arena en el embudo.

3. Vacía uno de los vasos de agua en el embudo lleno
   de arena. Anota cuánta agua se filtra hasta la taza.

Ahora repite los pasos 2 y 3 con la arcilla y con
la tierra para macetas. ¿Qué tierra deja pasar
más agua? ¿Cuál deja pasar menos agua?

Glosario

 **erosión** cuando el viento o el agua arrastran la tierra consigo

 **marga** tierra rica, compuesta de arena, limo y arcilla

 **mineral** parte de la roca

 **recurso natural** material de la Tierra que podemos usar

 **nutriente** algo que ayuda a una planta a crecer

 **limo** tierra muy fina

 **textura** el tacto que tiene algo

Índice

My First Pet Bilingual Library from the **American Humane Association**

Mi primer caballo
My First Horse

AMERICAN HUMANE

Protecting Children & Animals Since 1877

Enslow Elementary
an imprint of
Enslow Publishers, Inc.
40 Industrial Road
Box 398
Berkeley Heights, NJ 07922
USA

http://www.enslow.com

Linda Bozzo

AMERICAN HUMANE
Protecting Children & Animals Since 1877

Founded in 1877, the American Humane Association is the oldest national organization dedicated to protecting both children and animals. Through a network of child and animal protection agencies and individuals, the American Humane Association develops policies, legislation, curricula, and training programs to protect children and animals from abuse, neglect, and exploitation. To learn how you can support the vision of a nation where no child or animal will ever be a victim of willful abuse or neglect, visit www.americanhumane.org, phone (303) 792-9900, or write to the American Humane Association at 63 Inverness Drive East, Englewood, Colorado, 80112-5117.

● ●

This book is dedicated to my dad, who learned to never raise his arm too close to a horse, and to my daughter, Macey, for her love and appreciation of horses.

Special thanks to John Degutis for sharing his photographs, Karen Hansen and North Stream Farm, and Spring Valley Equestrian Center and their staff for making their facilities and beautiful horses available to us.

● ●

Enslow Elementary, an imprint of Enslow Publishers, Inc. Enslow Elementary® is a registered trademark of Enslow Publishers, Inc.

Bilingual edition copyright 2009 by Enslow Publishers, Inc. Originally published in English under the title *My First Horse* © 2008 by Enslow Publishers, Inc. Bilingual edition translated by Romina C. Cinquemani, edited by Susana C. Schultz of Strictly Spanish, LLC.

Library of Congress Cataloging-in-Publication Data

Bozzo, Linda.
  [My first horse. Spanish & English]
  Mi primer caballo = My first horse / Linda Bozzo.
    p. cm. — (My first pet bilingual library from the American Humane Association)
  Added t.p. title: My first horse
  Includes bibliographical references and index.
  Summary: "Introduces young readers to the responsibilities of owning a horse, in English and Spanish"—Provided by publisher.
  ISBN-13: 978-0-7660-3035-0
  ISBN-10: 0-7660-3035-0
  1. Horses—Juvenile literature. I. Title. II. Title: My first horse.
  SF302.B6918 2008
  636.1—dc22
                                 2008004657

Printed in the United States of America

10 9 8 7 6 5 4 3 2 1

To Our Readers: We have done our best to make sure all Internet Addresses in this book were active and appropriate when we went to press. However, the author and the publisher have no control over and assume no liability for the material available on those Internet sites or on other Web sites they may link to. Any comments or suggestions can be sent by e-mail to comments @enslow.com or to the address on the back cover.

Every effort has been made to locate all copyright holders of material used in this book. If any errors or omissions have occurred, corrections will be made in future editions of this book.

♻ Enslow Publishers, Inc., is committed to printing our books on recycled paper. The paper in every book contains 10% to 30% post-consumer waste (PCW). The cover board on the outside of each book contains 100% PCW. Our goal is to do our part to help young people and the environment too!

Illustration Credits: ArtToday, Inc., p. 22 (top); Associated Press, pp. 8, 9, 25; Linda Bozzo, pp. 3, 6, 11 (top); © Bob Daemmrich / The Image Works, p. 22 (bottom); John Degutis, pp. 5, 7 (top), 10, 11 (bottom), 12, 13, 14, 15, 16, 18 (left and right), 21 (all), 26; © 2006 Jupiterimages Corporation, p. 17; © ImageState / Alamy, p. 19; Painet, Inc., p. 24; Shutterstock, pp. 1, 4, 7 (middle and bottom), 23, 27, 28, 30.

Cover Credits: Shutterstock

Contents / Contenido

Horses Are Beautiful Animals

Horses are beautiful animals. They need a lot of space and care. Horses can also cost a lot of money to keep. So, hold your horses! You will want to learn everything you can.

This book can help answer questions you may have about finding and caring for your new pet horse.

Los caballos son animales bellos

Los caballos son animales bellos. Ellos necesitan mucho espacio y cuidado. También puede costar mucho dinero mantenerlos. ¡Así que sujeten sus caballos! Querrás aprender tanto como puedas.

Este libro puede ayudarte a responder las preguntas que tengas acerca de cómo encontrar y cómo cuidar a tu nuevo caballo.

Horses are big animals.

Los caballos son animales grandes.

What Kind of Horse Should I Get?

There are many different kinds of horses to choose from. Some horses are good for horse shows. Some are great for trail rides. Maybe you want a horse that will just live in your **pasture**.

¿Qué clase de caballo debo elegir?

Existen diferentes clases de caballos para elegir. Algunos caballos son buenos para exhibición. Otros son estupendos para pasear por senderos. Quizás sólo deseas un caballo para que viva en tu **pastizal**.

You can ride your horse along a trail.

Puedes montar tu caballo a lo largo de un sendero.

Horses come in many different colors.

Los caballos tienen diferentes colores.

Arabian horse

Caballo árabe

Which horse do you like?

¿Qué caballo te gusta?

Where Can I Get a Horse?

A great place to get a horse is from a **horse rescue group**. Another good place is a **humane society** that has big animals. A friend that knows about horses might help you pick a horse.

¿Dónde puedo conseguir un caballo?

Un buen lugar para conseguir un caballo es un **centro de rescate de caballos**. Otro buen lugar es una **sociedad humanitaria** de animales grandes. Algún amigo que sepa de caballos podría ayudarte a escoger un caballo.

Learn all you can about horses. You could even visit a stable and learn how to take care of a horse.

Aprende todo lo que puedas sobre caballos. Incluso, puedes visitar un establo y aprender cómo cuidar un caballo.

When picking a horse, it is good to have a **vet** look at the horse. You will want to know how old it is and if it is healthy.

Cuando se elige un caballo, es una buena idea que un **veterinario** lo examine. Tú necesitas saber su edad y si tiene buena salud.

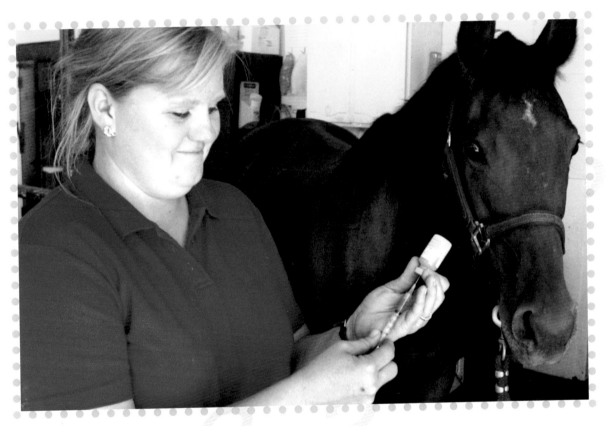

The vet may help you take care of your horse. This vet is going to give the horse a shot.

El veterinario puede ayudarte a cuidar a tu caballo. El veterinario le dará vacunas a tu caballo.

9

What Will My New Horse Need?

You will need special brushes and combs to groom your horse. Sponges and cloths are also used to keep your horse clean. A hoof pick is needed for cleaning your horse's feet.

¿Qué necesitará mi nuevo caballo?

Necesitarás cepillos y peines especiales para cepillar a tu caballo. Esponjas y paños también se usan para limpiar a tu caballo. Un limpia cascos es necesario para limpiar los cascos tu caballo.

Horse brushes and combs

Cepillos y peines para caballos

You need a lead
rope for your horse.

Necesitas una rienda
para tu caballo.

You need a bridle
and saddle to ride
your horse.

Necesitas una brida
y una montura para
cabalgar en tu caballo.

This horse licks a salt lick. Horses need salt to keep them healthy.

Este caballo lame un bloque de sal. Los caballos necesitan la sal para mantenerse saludables.

You will need feed and water buckets. Storage barrels or bins will help protect the food. A blanket can be used in the winter to keep a horse warm.

If you plan to ride your horse you will need things like a **saddle** and **bridle**. A **lead rope** is also important to have.

Necesitarás baldes para su alimento y agua. Barriles o cubos para alimentos ayudarán a proteger el alimento. Una manta puede usarse durante el invierno para mantener al caballo abrigado.

Si planeas cabalgar tu caballo, vas a necesitar objetos como una **montura** y una **brida**. Tener una **rienda** también es importante.

When it is cold, give your horse a blanket.

Cuando haga frío, ponle una manta a tu caballo.

13

What Should I Feed My Horse?

Horses need a very special diet. There are two types of feed. There is **roughage**, which is hay or grass, and there is grain. Ask your vet how much of each type of feed to give your horse. Horses need a salt or **mineral lick**.

Horses also enjoy treats like apples and carrots. Always have clean water where your horse can get to it.

Carrots are healthy treats for a horse.

Las zanahorias son una golosina saludable para los caballos.

¿Con qué debo alimentar a mi caballo?

Los caballos necesitan una dieta muy especial. Hay dos tipos de alimento. Está el **forraje**, el cual es el heno o hierba; y está el grano. Pregunta a tu veterinario cuánto de cada tipo de alimento puedes darle a tu caballo. Los caballos necesitan sal o **algún mineral para lamer**.

A los caballos les gusta que los consientan con manzanas y zanahorias. Asegúrate de tener siempre agua limpia al alcance de tu caballo.

Feed your horse just the right amount. Feeding your horse too much can make it very sick.

Alimenta a tu caballo con la cantidad de alimento adecuado. El exceso de alimento puede enfermar a tu caballo.

This horse eats a
small amount of food.

Este caballo come
porciones pequeñas
de alimento.

Feed your horse at least two times a day. Three times a day is even better. Horses like to eat often in small amounts. Feeding your horse too much can make it sick. Do not work your horse hard right before or after it eats.

Alimenta tu caballo al menos dos veces al día. Tres veces al día es aún mejor. A los caballos les gusta comer a menudo en cantidades pequeñas. Alimentar a tu caballo demasiado lo puede enfermar. No ejercites mucho a tu caballo antes o después de alimentarlo.

Horses like to eat grass.

A los caballos les gusta comer hierba.

Where Will My Horse Live?

Horses need to be kept with other horses or they get lonely. They need a shelter like a **stable** or barn. Your horse will need a grassy field to run and graze in. You can board your horse at a stable. This means you will have to pay someone to house your horse.

¿Dónde vivirá mi caballo?

Los caballos necesitan estar con otros caballos o se sentirán solos. Necesitan un refugio, algo así como un **establo** o un granero. Tu caballo necesitará un campo cubierto de hierba para correr y pastear. Puedes alojar a tu caballo en un establo. Esto significa que puedes pagarle a alguien para que aloje a tu caballo.

You can pay someone to keep your horse in their stable.

Puedes pagarle a alguien para que tu caballo viva en su establo.

Your horse can live in a stable. You can
feed and take care of your horse there.

Tu caballo puede vivir en un establo. Allí
puedes alimentarlo y cuidarlo.

How Can I Keep My New Horse Healthy and Clean?

Horses must be kept clean by grooming them every day. Special brushes and combs are used to clean your horse's coat. A cloth or sponge is used to groom the head. Use a hoof pick to remove rocks and dirt from the hooves. Horses need horseshoes to protect their hooves. A **farrier** can shoe your horse and trim its hooves.

¿Cómo puedo mantener sano y limpio a mi nuevo caballo?

Los caballos deben ser cepillados diariamente para mantenerlos limpios. Cepillos y peines especiales serán usados para limpiar su pelaje. Un paño o esponja será usado para limpiar su cabeza. Usa un limpia cascos para remover piedras y suciedades de sus cascos. Los caballos necesitan herraduras para proteger sus cascos. Un **herrero** puede colocarle la herradura y arreglarle sus cascos.

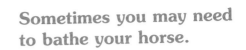

Sometimes you may need to bathe your horse.

Algunas veces puedes necesitar bañar a tu caballo.

Comb your horse's mane every day.

Cepilla la melena de tu caballo diariamente.

Use a special brush to clean your horse's body.

Utiliza un cepillo especial para mantener limpio el cuerpo de tu caballo.

Farriers make horseshoes to protect your horse's hooves.

Los herreros hacen herraduras para proteger los cascos de los caballos.

A horse's stall should be cleaned every day. Horses can get sick if their stalls are not kept clean and dry.

La casilla del establo del caballo debe limpiarse a diario. Los caballos pueden enfermarse si no mantienes limpia y seca su casilla del establo.

Lead or ride your horse every day.

Pasea o cabalga tu caballo a diario.

Letting your horse run around in a field for an hour every day will keep it healthy.

Dejar que tu caballo corra en el campo una hora diaria lo mantendrá saludable.

The more your horse runs around, the better. Your horse can run around the field. You should ride or lead your horse every day for at least one hour.

Entre más corra tu caballo, mejor para él. Tu caballo puede correr alrededor del campo. Debes montarlo o hacerlo correr por lo menos una hora cada día.

Horses have many ways of showing you they are sick. Your horse may stop eating. Your horse may limp. A sick horse may paw the ground or try to roll. Call your vet right away if you think your horse is sick or hurt.

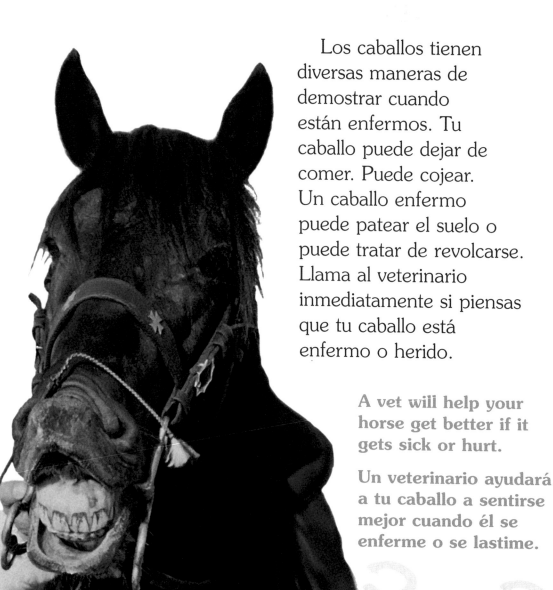

Los caballos tienen diversas maneras de demostrar cuando están enfermos. Tu caballo puede dejar de comer. Puede cojear. Un caballo enfermo puede patear el suelo o puede tratar de revolcarse. Llama al veterinario inmediatamente si piensas que tu caballo está enfermo o herido.

A vet will help your horse get better if it gets sick or hurt.

Un veterinario ayudará a tu caballo a sentirse mejor cuando él se enferme o se lastime.

Horses need medicine when they get sick, too. Only a vet should give a horse medicine.

Los caballos también necesitan medicinas cuando se enferman. Sólo un veterinario debe recetarle medicinas.

A Great Friend

People of all ages love horses. They are fun to ride. Riding a horse is a great way to stay healthy. Treat your horse well and this beautiful animal will be a great friend.

Un gran amigo

Personas de todas las edades aman a los caballos. Ellos son divertidos para cabalgar. Cabalgar un caballo es un buen medio de mantenerte saludable. Trata bien a tu caballo y este bello animal será un gran amigo.

Horses make great pets and great friends.

Los caballos son grandes mascotas y buenos amigos.

26

Words to Know

bridle—A piece of equipment that fits over the horse's head, used to control the horse.

farrier—A person who fits horseshoes to the horse's feet.

horse rescue group—A group that saves horses and finds them homes.

humane society—An organization that promotes the protection of animals.

lead rope—A rope that is used to lead and tie a horse.

mineral lick—A stone-like block that supplies horses with needed minerals by the horse licking it.

pasture—Land used for grazing.

roughage—Plant material that horses eat, like grass and hay.

saddle—A seat for the rider placed on the back of a horse.

stable—A building where horses are kept.

vet—Vet is short for veterinarian, a doctor who takes care of animals.

Palabras a conocer

la brida—Una pieza del equipo que encaja sobre la cabeza del caballo, se usa para controlar al caballo.

el centro de rescate de caballos—Grupo de personas que rescata caballos y les encuentra un nuevo hogar.

el establo—Construcción donde se guardan los caballos.

el forraje—Plantas que come el caballo, tales como la hierba y heno.

el herrero—La persona que fija las herraduras en los cascos del caballo.

el mineral para lamer—Bloque parecido a la piedra que se lame para obtener minerales necesarios para la salud del caballo.

la montura—Silla para el jinete colocada en el lomo del caballo.

el pastizal—Terreno utilizado para pastear.

la rienda—Soga que se utiliza para guiar y atar el caballo.

la sociedad humanitaria—Organización que promueve la protección de animales.

el vet—Forma corta de decir veterinario en inglés, doctor que cura animales.

Learn More
Más para aprender

BOOKS / LIBROS
In English / En inglés

Draper, Judith. *My First Horse and Pony Book*. Boston, Mass.: Kingfisher Publications, 2005.

Gibbons, Gail. *Horses!* New York: Holiday House, 2003.

Holub, Joan. *Why Do Horses Neigh?* New York: Dial Books for Young Readers, 2003.

In Spanish / En español

Schwartz, David M. *El caballo*. Milwaukee, Wisc.: Gareth Stevens, Pub., 2001.

INTERNET ADDRESSES / DIRECCIONES DE INTERNET
In English / En inglés

The American Humane Association
  <http://www.americanhumane.org>

The American Society for the Prevention of Cruelty to Animals
  <http://www.animaland.org>

Index

A
animal, 4

B
blanket, 13
bridle, 11, 13

F
farrier, 20, 22
feeding, 17
food, 13,
    14,15, 17

G
grooming, 10,
    20, 21

H
health, 22,
    23, 24

L
lead rope, 11,
    13

M
mineral lick, 14

P
pasture, 6

R
run around, 23

S
saddle, 11, 13
salt lick, 12, 14
shelter, 18

V
vet, 8, 9, 25

W
water, 13, 14

Índice

A
acicalar, 10,
    20, 21
agua, 13, 14
alimentar, 17
alimento, 13,
    14, 15, 17
animales, 4

B
bloque de sal,
    12, 14
brida, 11, 13

C
correr, 23

H
herrero, 20,
    22

M
manta, 13

M
montura, 11,
    13

P
pastizal, 6

R
refugio, 18
rienda, 11, 13

S
sal o algún
    mineral, 14
salud, 22, 23,
    24

V
veterinario, 9